44
Lb 184.

Prix : 15 centimes (trois sous).

HISTOIRE COMPLÈTE

DE

L'EMPEREUR NAPOLÉON

ET DE LA

GRANDE ARMÉE

AVEC LES PENSÉES DE BÉRANGER

SUR CE GRAND HOMME ET SUR LA RÉPUBLIQUE

SUIVIE DE LA

BIOGRAPHIE DE LOUIS NAPOLÉON

ET DE SES COUSINS, REPRÉSENTANTS DU PEUPLE A L'ASSEMBLÉE NATIONALE

PARIS

EUGÈNE ET VICTOR PENAUD FRÈRES, ÉDITEURS,

RUE DU FAUBOURG-MONTMARTRE, 10

CHARLES-LOUIS NAPOLÉON.

L'empereur Napoléon, privé de l'espoir d'avoir un héritier direct, avait destiné la couronne impériale au fils de son frère Louis, époux de la princesse Hortense, et roi de Hollande. Ce jeune prince, petit-fils de l'impératrice Joséphine et neveu d'Eugène Beauharnais, reçut le nom de Charles-Louis Napoléon. C'est celui qui inquiète aujourd'hui le pouvoir, comme il a inquiété la dynastie d'Orléans.

Louis Napoléon ne rappelle pas les traits des Bonaparte, il a plutôt la physionomie des Beauharnais. A la cour impériale, la reine Hortense était une des princesses les plus accomplies par ses qualités personnelles ; elle eut soin de faire donner à son fils une éducation parfaite.

Cinq ans, environ, avant la chute de l'empire, son père Louis, roi de Hollande, avait renoncé à sa couronne. Les Hollandais conservent encore le souvenir de ses bienfaits et de son administration sage et paternelle.

Les événements de 1814 et de 1815, en brisant le sceptre de Napoléon, emportèrent loin du sol français toute cette famille qui s'était identifiée avec notre gloire nationale ; le fruit de quinze années de victoire fut à jamais perdu.

Le jeune Louis partit à sept ans pour l'exil avec sa famille. Il habita quelques années la Bavière. Ensuite, la reine Hortense alla s'établir dans le canton de Thurgovie, et habita le château d'Arenemberg, situé sur le lac de Constance ; le prince venait passer tous les étés auprès de sa mère. M. Lebas, fils du conventionnel, aujourd'hui conservateur de la bibliothèque de l'Université dirigea ses études classiques. Louis, sous d'habiles maîtres, se livrait tout entier aux lettres, aux sciences et à l'art militaire.

Il fit partie du camp que la Suisse formait chaque année, pour l'instruction de son artillerie, dans le canton de Berne, sous la direction du colonel Dufour, ancien militaire de l'empire, le même qui a depuis, en 1847, commandé l'armée suisse, contre les malheureux fanatiques soulevés par les jésuites et par les intrigues de la cour de Louis-Philippe.

Louis a écrit des ouvrages assez remarquables, entre autres sur l'arme de l'artillerie un livre qui a eu un grand succès.

La révolution de 1830 fit battre son cœur ; dans son enthousiasme, il crut que la France allait reprendre son rang parmi les nations. Mais l'astucieux et hypocrite Louis-Philippe eut bientôt intéressé à sa cause, contre les peuples, la cause des autres potentats ; il fit expulser des États voisins les membres de la famille Bonaparte. En France, par la corruption et la violence, il étouffa toutes les idées grandes et patriotiques ; à l'étranger, par ses agents diplomatiques et ses intrigues, il livra au czar les Polonais, au pape les insurgés de la Romagne, à l'Autriche les malheureux Italiens ; et à la fureur de la femme de Muñoz, veuve du stupide Ferdinand, les libéraux espagnols.

Longtemps les frères de l'empereur ont imploré auprès des chambres la faveur de venir mourir sur la terre de France. Vendue à Louis-Philippe, la majorité a, tous les ans, passé à l'ordre du jour sur cette demande. Cette nouvelle dynastie, bâtie sur la boue dorée, avait peur de tous les souvenirs d'une gloire qui l'importunait.

L'armée, froissée dans sa dignité et dans son honneur, réduite dans les cités au rôle ignoble d'une gendarmerie dynastique, s'indignait de faire la police de la sainte-alliance. La France abaissée, humiliée dans son noble orgueil, les serments les plus solennels trahis par une royauté sans foi, sans principes, sans moralité politique, des lois réactionnaires, la liberté opprimée, partout le culte unique de l'argent, tel a été l'aspect de notre patrie depuis la révolution de 1830.

Les gémissements de la grande nation retentissaient au cœur du jeune Louis. Des voix patriotes l'appelaient en invoquant la grande ombre de Napoléon. C'est au nom de celui dont la vie tout entière fut vouée à l'honneur, à la gloire et à la postérité de la France, que Louis se présenta aux frontières. Il en appelait à la souveraineté d'un peuple trompé ; il s'offrait à la France pour la servir, il ne s'imposait pas. Il échoua par un concours de circonstances imprévues, alors que tout semblait lui assurer le succès. La tentative de Boulogne fut plus malheureuse encore. Tout le monde connaît sa noble défense devant ses juges, sa condamnation à la prison perpétuelle, et son évasion après sept ans de captivités.

L'ancien roi de Hollande, sur le point de mourir, avait fait demander au gouvernement français la permission de recevoir à sa dernière heure la visite de son fils. Louis écrivit à Louis-Philippe une lettre touchante. Il s'engageait sur l'honneur à venir reprendre ses fers après avoir rempli ce pieux devoir. Mais ce roi sans foi ne croyait pas à l'honneur, il refusa. Il offrit pourtant la liberté à Louis, à la condition qu'il s'avouerait coupable et qu'il lui demanderait grâce comme à son roi. Celui-ci repoussa avec dégoût de telles propositions, et le fils ne put aller recueillir le dernier soupir du père.

Les journées de février 1848 ouvrirent enfin les portes de la France à Louis Napoléon, mais les membres du Gouvernement l'invitèrent bientôt à se retirer. Ces royautés, improvisées au nom de la République, eurent peur pour leur sceptre. Louis obéit sans murmurer.

Par un élan spontané, le peuple, qui comprend les sentiments élevés, vient, dans plu-

HISTOIRE COMPLÈTE

DE

L'EMPEREUR NAPOLÉON

ET DE LA

GRANDE ARMÉE

PAR LE CITOYEN BESSIÈRES

AVEC LES PENSÉES DE BÉRANGER

SUR NAPOLÉON ET LA RÉPUBLIQUE

Bonaparte n'appartient pas encore entièrement à l'histoire; trente années n'ont pu éteindre les passions les plus opposées. Amis et ennemis, enthousiastes et détracteurs, tous sont encore vivants. L'Angleterre, l'Allemagne, l'Espagne, l'Italie, la France surtout, ont été inondées d'écrits sur cet homme extraordinaire. Tous ces ouvrages portent partout le cachet indélébile ou de l'esprit national ou des passions politiques de l'écrivain.

Après toutes ces histoires, une nouvelle histoire de Napoléon semblerait venir trop tard, ou peut-être trop tôt.

Hommes d'une génération nouvelle, nous étions à peine nés lors des péripéties de l'empire; aussi nous ne voyons pas Napoléon à travers le prisme de ses victoires. Le souvenir de ces fêtes incomparables, auxquelles nous n'avons pris aucune part, n'existe pas pour nous. Mais nous signalons dans cet ouvrage les causes et les effets de ces temps héroïques; nous suivons les événements dans toutes leurs phases, et partout nous sommes forcés de reconnaître la main puissante de Bonaparte, qui les prépare, les précipite ou les arrête dans leur marche.

Appelé par ses talents à prendre la part la plus active au mouvement politique et régénérateur de l'Europe, enfanté par la révolution française, Bonaparte sort des rangs des soldats de la République dans des circonstances où le salut de l'armée et de la patrie était en danger.

Les documents particuliers, qui nous ont été confiés par des

1848

personnages haut placés, nous permettent de dire et nous imposent de dire toute la vérité, sur cette nature d'élite destinée à l'accomplissement des plus grandes choses. Jusqu'ici, tous les auteurs sont remplis d'erreurs, d'oublis, d'inexactitudes et d'exagérations. Chez tous il y a ignorance complète de mille faits, qui seuls suffiraient pour peindre l'homme.

Quand un génie supérieur passe sur le globe et remplit le monde de son nom, est-ce écrire l'histoire que de parler seulement des faits généraux, des relations plus ou moins étroites qui les lient entre eux, et de quelques-unes des conséquences politiques qui ont eu lieu pendant la durée de sa vie? Cela ne saurait suffire : dans l'ordre politique et moral, comme dans l'ordre matériel, un tout se compose de grandes et de petites choses. Tout se tient, tout s'enchaîne. En parlant du grand capitaine, nous peignons le profond politique et ses vues grandioses, le savant et le moraliste; nous peignons aussi, dans toute son individualité, l'ami, le fils, l'amant, le père, l'époux et l'homme; nous disons l'homme, car Napoléon ne s'est jamais séparé de la famille humaine, encore moins du peuple, même dans toute sa gloire impériale. Nous livrons au public tous les détails de sa vie privée et intime. C'est une vérité de tous les temps et de tous les lieux, que dans les choses les plus ordinaires de la vie privée, l'homme supérieur est tout différent des autres humains.

Cet homme, qui d'un signe de sa main faisait trembler les monarchies ou crouler les trônes, avait les épanchements les plus tendres et les plus suaves. Aux élans les plus sublimes de l'âme, à l'intelligence la plus vaste et la plus puissante, il joignait la simplicité la plus candide de l'enfant. Toute action lâche, sordide ou ténébreuse excitait en lui le frisson de l'horreur et du dégoût.

On ne peut s'empêcher de reconnaître en Bonaparte un de ces hommes dont la providence des peuples ménage quelquefois l'apparition subite à des époques terribles de transition ou de cataclysmes, conséquences forcées des intérêts matériels et moraux des nations, comprimés ou méconnus.

Ces êtres extraordinaires qui apparaissent parmi les siècles, ont la mission de conduire, au milieu des périls et des tempêtes, les peuples à une terre promise. Comme Moïse, à travers le désert, a conduit le peuple hébreux, Bonaparte, à travers les luttes, les obstacles et les batailles, devait conduire la France et l'humanité à des destinées meilleures. *Il fatigua la victoire à le suivre.* La France aussi et l'humanité sont restées en route, épuisées l'une et l'autre de lassitude. Il n'a pu les attendre : le sentiment irrésistible de sa mission le poussait sans cesse vers l'inconnu, il est resté seul. Que de gloire ! que de triomphes ! hélas ! et quelle fin ! Comme l'antique législateur des Juifs, Napoléon n'a pu voir que dans l'avenir la terre promise.

A chaque homme ici-bas sa mission à remplir. Malheur à celui qui oublie un instant qu'il n'est qu'une partie de ce tout immense qu'on appelle *humanité;* qui, potentat ou mendiant, se fait le centre de tout ce qui l'entoure, qui veut tout faire converger vers lui seul ! Louis XIV disait, dans l'enivrement de sa puissance : « La France, c'est moi; la gloire, c'est moi. » Parodie du grand Alexandre, qui se disait issu de Jupiter. La France et la gloire sont là, et Louis XIV est passé.

Napoléon ne parlait jamais qu'au nom de l'honneur, qu'au nom de la patrie et des intérêts de l'humanité : « Songez, disait-il à ses soldats, à la postérité ! »

Peuple-roi que je sers, commandez à César, César à l'univers ! Telles étaient ses pensées. Ses soldats n'étaient à ses yeux que des instruments, et lui-même se regardait comme le premier instrument de la gloire de la France et du bonheur avenir des peuples. « La mission d'une génération, disait-il souvent, c'est de *préparer les voies aux générations à venir.* »

La nature, en formant cette organisation humaine, avait réuni tous les éléments infaillibles de supériorité intellectuelle et morale. Son vaste cerveau, que contenait ce crâne aux contours si doux, était le foyer d'où rayonnaient sans cesse les éclairs du génie, où se concentraient toutes les sensations et toutes les pensées, et où se résolvaient tous les problèmes de politique, de stratégie et d'administration. Ses traits, purs et réguliers, dénotaient la sérénité, la candeur de son âme et la netteté de ses idées. Ses lèvres, dont les commissures étaient fines et délicates, annonçaient la discrétion, la fermeté, la volonté.

Le feu de son regard pénétrait dans les profonds replis du cœur humain. Son buste eût été le modèle des plus beaux antiques. Ses membres avaient les plus belles proportions. Sa main était admirable.

Dans son enfance, il était toujours bon, affectueux et caressant. Tout acte d'injustice l'indignait et lui arrachait des larmes. Il ne pleurait jamais dans aucune autre circonstance. Il était l'idole de sa famille. A l'école de Brienne, il étonnait par ses progrès, par ses réponses et la fermeté de son caractère. Professeurs et condisciples, tous éprouvaient instinctivement l'influence de cette organisation privilégiée.

Un jour, dans une petite altercation avec un condisciple, celui-ci lui reprocha d'être Corse, en ajoutant que les Romains n'en voulaient pas pour esclaves : « Tu commets un contresens, répartit froidement le petit Bonaparte, dis plutôt que les Corses ne voulaient pas des Romains pour maîtres. »

A vingt-cinq ans, il contribua à chasser les Anglais des côtes de la Provence et de l'île de Corse, sa patrie. A vingt-six ans, il est appelé au commandement de l'armée d'Italie. Cette armée manquait de tout. Aux murmures des soldats, Napoléon répondit, en étendant sa main vers la riche Lombardie : « Soldats, là-bas vous trouverez la gloire et la fin de vos maux. » Il défait le général Beaulieu et s'empare de la Lombardie, après une série de victoires. Alvinzi et Provera, généraux italiens, veulent arrêter Bonaparte ; ils sont également défaits. Wurmser vient remplacer Beaulieu, Bonaparte le met en déroute. Le vieux général autrichien s'enferme dans Mantoue pour échapper, avec les débris de son armée, aux coups du vainqueur ; Mantoue est bientôt forcée de capituler. Généreux dans sa victoire, Bonaparte laisse entrer son armée seule dans la ville : il a soin de s'éloigner. Lui, à peine âgé de vingt-sept ans, ne voulut pas humilier par son triomphe un général vieux, vénérable et vaincu.

L'archiduc Charles arrive avec sa réputation de grand capitaine et une nouvelle armée, pour venger l'affront des armes d'Autriche : en peu de temps, accablé de défaites successives, il s'empresse de signer la paix, qui fut confirmée par le traité de *Campo-Formio*.

Bonaparte vient recevoir à Paris les félicitations du Directoire. Mais bientôt rebuté de la marche des affaires et des intrigues de toute nature, dégoûté des hommes et des choses, il résolut de s'éloigner. Il proposa donc au Directoire d'attaquer les Anglais dans leur commerce et leurs possessions de l'Inde, en s'emparant de l'Égypte. Les directeurs goûtent ce projet, et le facilitent avec d'autant plus de satisfaction, que déjà la popularité, l'enthousiasme que le jeune général inspirait à la nation leur portaient ombrage. Trente mille hommes et une flotte sont réunis à Toulon, et le jeune général, avec la rapidité de l'aigle, emblème futur de sa puissance, fend l'espace qui le sépare de l'antique royaume des Sésostris. Dans son vol, il enlève Malte aux Anglais.

Débarqué en Égypte, il anéantit les mameluks dans une bataille sanglante en vue des Pyramides, et s'empare du Caire. Malgré la défaite de sa flotte par les Anglais, en face d'Aboukir, par la faute de l'amiral Villeneuve, il achève rapidement la conquête de l'Égypte. De là il traverse le désert, triomphe à Monthabor, s'empare de Jaffa, visite, touche de sa main et encourage les pestiférés. Saint-Jean-d'Acre résiste à ses armes ; il est forcé, pour ménager le temps et ses soldats, de laisser là le siége de cette place. Dix-huit mille Turcs, débarqués à Aboukir, menacent sa conquête. Bonaparte accourt du Caire, et, avec moins de six mille hommes, leur tue près de treize mille hommes. Quatre mille furent faits prisonniers et fusillés sur le rivage de la mer. Cette mesure fut dictée par la plus impérieuse et la plus cruelle nécessité. On ne pouvait ni garder, ni nourrir ces hommes. Leur rendre la liberté, c'eût été trop dangereux. Enthousiasmé de cette victoire, Kléber courut à Bonaparte et lui dit : « Permettez, général, que je vous embrasse ; vous êtes grand comme le monde. »

Après la victoire d'Aboukir, Bonaparte reçoit la nouvelle des désastres de l'armée française en Europe, et des dangers qui menacent la République. Il laisse le commandement de l'armée à Kléber et s'embarque pour la France.

A son retour, il est salué des acclamations universelles. L'instinct populaire devinait en lui le sauveur de la patrie. Il trouve la France livrée à l'anarchie, sans finances, sans crédit et sans gouvernement. Le Directoire était impuissant et méprisé. D'un coup d'œil, Bonaparte juge la position et voit d'où vient tout le mal. Le conseil des Anciens l'investit du commandement des troupes; quatre directeurs, Syeyes, Ducos, Moulins et Barras donnèrent leur démission pour ne pas l'entraver, et le corps législatif fut transporté à Saint-Cloud.

Toutes les troupes étaient sous les armes le 10 novembre 99. Bonaparte se rend au conseil des Anciens pour demander un décret qui réorganise le gouvernement. Dans ce moment, le conseil des Cinq-Cents veut forcer son président Lucien à le mettre hors la loi. Bonaparte accourt, il est accueilli par les cris de : « Mort au tyran ! à bas le dictateur ! » Des députés se précipitent sur lui le poignard à la main. Des grenadiers s'empressent de protéger leur général. Murat entre avec les soldats au pas de charge, et à l'instant ces pères conscrits pour rire jettent leur toge, leur toque, leur écharpe, pitoyables oripeaux dignes de la comédie qu'ils jouaient; ils se sauvent dans tous les sens; un grand nombre s'échappe par les fenêtres. Ces hommes qui naguère singeaient les sénateurs de l'antique Rome, n'eurent pas le courage de rester fermes sur leur chaise curule. S'ils avaient compris la dignité de leur mission, si le souci des affaires de l'État plutôt que leurs plaisirs les eût occupés, Bonaparte et son lieutenant se fussent inclinés avec respect devant une puissance morale qui représentait la France.

Débarrassé de ces hommes démagogiques, le conseil des Anciens, avec ce qui restait de pur des Cinq-Cents, se réunit et nomma trois consuls : Bonaparte, Roger-Ducos et Sieyes réunirent les suffrages. Ces deux derniers furent plus tard remplacés par Cambacérès et Lebrun. Bonaparte, comme premier consul, se trouva naturellement à la tête des affaires. La confiance sembla renaître, le commerce, l'industrie, l'agriculture se réveillèrent ; en un clin d'œil une puissante armée est organisée et dirigée vers la frontière de l'Est pour châtier l'Autriche. Sur trois points divers, Bonaparte renouvelle le passage des Alpes par Annibal. On perce des routes dans les masses granitiques ; on jette des ponts sur les torrents ; on comble les abîmes ; l'artillerie est traînée à force de bras à travers les glaciers et les précipices. Le premier consul préside à tout, partout sa présence encourage les soldats : c'était en mai 1800.

En quelques jours, le passage des Alpes est effectué, à peine s'en doutait-on en Italie. L'armée française tombe comme une avalanche dans la Lombardie ; le Pô est franchi. Les Autrichiens sont battus à Montebello et écrasés entièrement à Marengo. Forcés de capituler, ils se rejettent derrière le Mincio.

Bonaparte se hâte de revenir à Paris, et, comme le consul romain, il eût pu dire : *Veni, vidi, vici ;* Je suis allé, j'ai vu, j'ai vaincu. Toute la population de la capitale l'accueillit avec transport. Administrateur habile autant que grand capitaine, il imprime à tous les départements administratifs une impulsion nouvelle et inconnue. Les finances, la guerre, la justice, l'intérieur reçoivent une organisation vigoureuse, régulière et facile. Un nouveau Code est élaboré ; les provinces font place à des départements ; de toutes parts il crée des travaux immenses : canaux, routes, monuments. L'instruction publique, le culte, tout se rétablit, mais sur de nouvelles bases. Partout était le néant ou le désordre : tout se crée, tout s'organise à la parole vivifiante de ce génie. Seulement chacun commence à craindre que la fin du consulat n'arrive trop tôt. Toutes les populations attachaient l'existence de ce bonheur général à la durée du gouvernement de Bonaparte. Tous désiraient une prolongation. Obéissant à ce vœu général, le sénat prolongea au delà des dix premières années la durée du consulat. La nation consultée répondit à la presque unanimité par le consulat à vie.

La France, en paix avec l'Europe continentale, florissait sous tant de causes de prospérité. L'Angleterre seule perdait à cette paix. Dans l'ombre elle cherchait à détruire l'influence de Bonaparte et à troubler l'harmonie générale du continent.

Paul, empereur de Russie, venait de mourir. Il était peu favorable à l'Angleterre. Aussi il est bien permis de croire qu'une politique aussi fertile en crimes que la politique britannique, ne fut pas calomniée, lorsqu'elle fut accusée de n'avoir pas été étrangère à cette mort subite et prématurée. C'est dès ce moment que le cabinet de Saint-Pétersbourg et les autres monarchies furent entraînés par l'Angleterre à une coalition, d'abord tenue secrète, contre la France.

Pendant que ces dangers se préparaient à l'extérieur, à l'intérieur, des complots incessants menaçaient la vie du premier consul. La réaction de la vieille monarchie, avec ses antiques abus, ses priviléges, ses haines de salon et de sacristie, était toujours imminente. Le duc d'Enghien entre autres fut signalé comme devant prendre part à un complot. Sur un rapport de Talleyrand, il fut enlevé à Ettenheim, amené à Vincennes, jugé et fusillé avant que le premier consul eût seulement appris la marche du procès, encore moins la condamnation du prince. Bonaparte fut désolé d'un pareil dénoûment. On l'a accusé d'avoir précipité la fin malheureuse du prince; c'est une insigne calomnie. Bonaparte eût désiré le garder comme otage. S'il eût voulu se débarrasser, ou, pour mieux dire, débarrasser à jamais le sol de la France de toutes les branches de la race des Capets, à chaque instant les moyens lui en étaient offerts. Jamais la pensée d'un crime n'eut accès dans cette grande âme.

Toutes ces tendances réactionnaires de la part des ennemis de la prospérité de la France firent naître dans le sénat un mouvement d'une réaction opposée. Pour anéantir à jamais toute pensée de vieille monarchie, il offrit la couronne impériale à Bonaparte. Napoléon fut reconnu empereur par la nation le 20 mai 1804.

Le 15 août, il distribue les croix d'honneur au camp de Boulogne. Des aigles et des drapeaux sont également donnés à tous les corps. Ce fut un beau spectacle, que cette belle armée couverte de la gloire de vingt batailles, entourant son général et son empereur dans un instant aussi solennel, au milieu des fanfares, des cris de *Vive l'empereur!* et en face des côtes de l'Angleterre, point de mire de nos armes.

Le 2 décembre, il est sacré empereur à Notre-Dame de Paris, par le pape. Après la bénédiction du pontife, Napoléon prend la couronne et la pose sur sa tête, puis il pose l'autre couronne sur la tête de Joséphine, ne voulant pas qu'un clergé orgueilleux pût jamais, en le couronnant, en inférer de droit une sujétion de sa part. Le clergé ne trouvant pas dans Napoléon l'humilité traditionnelle des anciens rois très-chrétiens, fut dès ce moment son ennemi implacable et ne lui pardonna jamais.

Napoléon, la couronne en tête, prêta sur l'autel le serment, qu'il n'a jamais enfreint, d'obéir en tout à l'honneur et aux intérêts de la France. En 1805, après une nouvelle campagne en Italie, il fut sacré dans la cathédrale de Milan. En plaçant sur son front la couronne de fer, que mille ans auparavant Charlemagne avait portée, il dit : « Dieu me la donne, gare à qui la touche! » Ces paroles firent frémir de rage le cabinet d'Autriche.

Revenons au camp de Boulogne. L'Angleterre, effrayée des préparatifs de Napoléon et de sa puissance, craignant une descente qui pouvait s'effectuer à chaque instant, conjurait cet orage par tous les moyens. Elle savait que les Français, en débarquant, devaient faire un appel au peuple, proclamer l'abolition des priviléges dont cette oligarchie cruelle et immorale se repaît aux dépens d'une population misérable.

Napoléon était tout préparé à une descente ; il n'attendait que l'amiral Villeneuve. Mais les Anglais surprennent notre amiral au cap Finistère, et la flotte française est forcée d'effectuer sa retraite dans le Ferrol. En même temps, il apprend que l'Autriche, sans préliminaires, a commencé les hostilités et envahi la Bavière.

Napoléon a pris de suite son parti. Il divise son armée en sept corps, et, avec la garde impériale, marche vers le Rhin, passe le fleuve le 1er octobre 1805, bat les Autrichiens sur tous les points, force Ulm à capituler, fait prisonnier le maréchal Mack avec quarante mille hommes. Le 11 novembre, il entre à Vienne, pénètre en Hongrie, prend la capitale, et arrive le 1ᵉʳ décembre en face le village d'Austerlitz. Là se trouvaient réunies les armées russe et autrichienne. La nuit qui précéda cette bataille mémorable fut un triomphe pour Napoléon. C'était la veille de l'anniversaire de son couronnement. Pendant que l'empereur parcourait les bivacs, cent mille torches faites avec de la paille répandent à l'instant et sur tous les points une lueur immense. Les cris de *Vive l'empereur !* mille fois répétés, s'unissent aux fanfares de tous les corps ; puis des cris d'une autre nature, qui durent être entendus des ennemis et les glacer d'effroi, retentirent jusqu'après minuit : « A la baïonnette ! à la baïonnette ! en avant aux Russes ! » Heureux présage ! triomphe mille fois glorieux, expression d'amour et de confiance pour le chef ! Napoléon rentra dans sa tente à minuit passé, ému jusqu'aux larmes : « Voilà, dit-il, la plus belle soirée de ma vie ; » et, posant la main sur son front, il ajouta en soupirant : « Et demain j'aurai perdu tant de ces braves gens ! »

Au lever du soleil, le 2 décembre, le feu commença. Le monde entier a lu le récit de cette grande bataille. Russes et Autrichiens, tout fut enfoncé, culbuté, battu ; Alexandre et François furent l'un et l'autre témoins de la défaite de la garde russe et de la destruction entière de leur armée.

Deux jours après, Napoléon reçoit la visite de l'empereur d'Occident ; le successeur des Césars vient humblement visiter dans sa tente le soldat de fortune. « Je vous reçois dans le seul palais que j'habite depuis deux mois, lui dit Napoléon. — Vous tirez si bon parti de cette habitation, qu'elle doit vous plaire, » lui dit François. Dans cette entrevue, les deux princes convinrent d'un armistice et d'une paix future. « En ce moment, toute l'armée russe, dit Napoléon, est cernée ; elle est entre mes mains ; mais, pour être agréable à l'empereur, je m'empresse d'accepter un armistice et une paix dont les nations ont besoin. » Tout semblait, après cette glorieuse campagne, présager une paix durable ; le cabinet anglais était revenu à d'autres sentiments. Le ministre Pitt mourut, Fox lui succéda et voulait faire un traité de paix avec le cabinet français ; mais la mort le surprit aussi, et le gouvernement anglais fomenta une nouvelle coalition.

La Prusse remplaça l'Autriche, et commença les premières hostilités. L'Angleterre, la Suède et la Russie viennent lui prêter main-forte. Le 9 octobre 1806, la guerre éclata ; le 27, Napoléon entrait vainqueur à Berlin. A Postdam, il s'empresse de visiter le tombeau du grand Frédéric, et prend, dans les appartements de ce monarque, la ceinture, l'épée et le cordon de l'Aigle noir, que ce guerrier illustre avait portés, et les envoie aux Invalides, en ajoutant : « Dites aux soldats des guerres de Hanovre que l'affront de Rosbach est vengé. »

Ce fut de Berlin qu'il lança le décret du blocus des îles Britanniques. Au milieu de ses triomphes, l'empereur se signala par un trait de clémence digne de sa puissance et de son âme généreuse.

Tout le monde connaît la trahison du prince d'Halsfeld, à qui Napoléon avait conservé le gouvernement de Berlin.

Le ministre Schulembourg était le beau-père de ce prince. Ce ministre du roi de Prusse portait à la France et à l'empereur la haine la plus profonde ; le gendre et le beau-père étaient l'un et l'autre dignes de Sa Majesté Prussienne, qui viola si souvent la foi jurée à Napoléon et les traités les plus sacrés.

L'empereur connaissait pourtant les antécédents et la forfanterie de cette cour. Lorsque la France avait commencé sa glorieuse révolution, le roi de Prusse avait emmené sa femme au bombardement de Lille, comme à un spectacle divertissant.

La reine de Prusse, à cheval, en brillant costume d'amazone, comme une écuyère du Cirque, caracolait sur son palefroi au milieu de l'armée prussienne, encourageait de la main les soldats et commandait les canonniers. Une reine, une femme, présider à des scènes d'incendie, de carnage et de mort ! Voilà des traits dignes de ces princes de droit divin. C'était du courage jusqu'à l'héroïsme, disaient les partisans aveugles des royautés : dites plutôt que c'était de la férocité tartare.

Napoléon, du haut du piédestal de sa gloire, dominait tous les **trônes**. Les nobles qualités et les bienfaits intarissables de Joséphine l'avaient élevée, dans le cœur des Français, aussi haut que Napoléon. Plaignons l'un et l'autre de s'être abaissés au niveau des rois, en s'asseyant sur un trône à clous dorés.

Mais revenons au triomphe de nos armées. Les Russes vinrent bientôt au secours de la monarchie prussienne. Après plusieurs combats, où ils furent battus successivement, ils tentèrent la fortune dans les champs d'Eylau, le 8 janvier 1807. Tirons le voile sur cette affreuse et funèbre journée. Notre victoire ne saurait nous dispenser d'un sentiment pénible. Trente-cinq mille Russes et dix-huit mille Français restèrent sur la place.

Napoléon, parcourant le champ de bataille, pâlit d'horreur et resta muet à la vue de tant de morts et de tout ce carnage. Il donna des ordres pour que les soins les plus empressés fussent prodigués aux blessés vainqueurs et vaincus. Il visitait les uns et les autres tous les jours, les encourageait et les consolait.

Les Russes se retirèrent quelque temps de la lutte, après ce terrible échec. Mais au mois de juin les hostilités recommencèrent, et la bataille de Friedland les chassa au delà du Niémen.

L'armée française allait franchir le fleuve, poursuivre et anéantir l'armée russe, lorsque Alexandre demanda une entrevue à Napoléon.

Elle eut lieu au milieu du fleuve, dans un pavillon construit sur un radeau. Les deux empereurs y arrivèrent des deux rives opposées, et suivis de leurs généraux. En mettant le pied sur le radeau, ils s'embrassèrent; Alexandre témoigna à Napoléon toute son admiration : « Vous êtes, lui dit-il, le héros moderne. Je ne puis m'empêcher d'éprouver pour vous la plus vive affection. » Ils s'entretinrent quelque temps d'un traité de paix et de hautes questions politiques. Dans cette conférence, Napoléon trouvant dans Alexandre la noblesse des sentiments unie à la grandeur des vues, lui parla de réunir leurs communs efforts pour changer la face du monde et ses destinées.

« Si Votre Majesté le désire, dit Napoléon, en quelques jours vous serez empereur d'Orient. L'antique Bysance sera le siége de vos États d'Europe et d'Asie. Quant à moi, l'empire d'Occident m'appartiendra ; j'établirai le siége à Lyon. » Alexandre fut enthousiasmé de Napoléon. Les deux empereurs promirent de se revoir bientôt pour traiter ensemble de ce gigantesque projet, et s'embrassèrent avec effusion.

Quoique rien n'eût transpiré de l'entretien des empereurs, le cabinet anglais, en apprenant cette entrevue, est frappé comme d'un coup de foudre. Il voit dans un avenir peu éloigné l'anéantissement de son commerce, la perte de ses colonies, tous les ports fermés à ses produits, la misère et la ruine, une invasion prochaine, et, conséquence inévitable, l'anéantissement de son gouvernement et de sa nationalité.

Ce gouvernement oligarchique, sans foi et sans honneur, n'a pour principe et pour but que le *moi*. Trois cents familles tiennent toute l'Angleterre, tout le sol, tout l'or, toutes les industries; tous les emplois appartiennent à la même classe. Ces hommes ne comptent le peuple que comme réunion d'unités humaines, consommant un et produisant deux, trois ou plus au profit des privilégiés.

Pour arrêter le développement de la puissance impériale, l'Angleterre fait jouer tous les ressorts de son infernale politique. Ses milliards vont partout séduire les consciences d'Europe; la calomnie, les faits, les intentions les plus absurdes sur Bonaparte et la France, sont colportés par tout le continent par des agents stipendiés, et préparent à Napoléon de nouvelles luttes.

Des dissensions graves survenues dans la famille régnante d'Espagne, et excitées par les Anglais, livrèrent la monarchie espagnole à Napoléon. La reine avait pour favori *le prince de la Paix*, qu'elle avait fait aimer du roi et que le peuple détestait. Ferdinand, fils aîné du roi, profita d'une sédition populaire pour enlever le pouvoir au favori et monter sur le trône; il força son père à abdiquer. Le roi d'Espagne et sa femme, chassés du trône, vinrent chercher un asile en France, et demander l'appui de Napoléon. L'empereur voyant en cette affaire le doigt de la perfide Angleterre, et ce vaste royaume prêt à devenir sa proie, craignant surtout un si mauvais voisinage, fut le médiateur entre le père et le fils. Ferdinand était gagné par les Anglais, il fut impossible de s'entendre. Alors, Charles IV révoque son abdication et cède la couronne au roi de Naples, Joseph, frère de Napoléon. Joseph fut reconnu par une junte composée du peuple et de la noblesse. L'Angleterre, toujours active, suscite en Espagne une opposition formidable.

La populace, les moines, les prêtres, secondés par les Anglais, se lèvent en masse sur tous les points du royaume. Les Français combattirent pendant cinq ans. Les prêtres prêchaient une guerre sainte et criaient aux populations: « *Mourons pour Dieu; le ciel est à celui qui aura tué un Français ou qui mourra les armes à la main!* »

Des villes firent une résistance désespérée. Les Français isolés étaient assassinés de toutes parts par des guérillas. Saragosse résista quelque temps à la valeur française avec une fureur, un désespoir dignes d'une plus noble cause que celle des rois et des prêtres.

Néanmoins, partout vaincus, les Espagnols semblèrent se soumettre enfin; mais l'Angleterre était toujours là.

Bien plus, l'Autriche, secondée et poussée par le cabinet britannique, organisait, avec les millions reçus de Londres, une nouvelle et puissante armée. Déjà elle commençait à attaquer des petits États dépendants de la France ou protégés par Napoléon. L'empereur croyant l'Espagne apaisée en retire quelques corps dont il augmente l'armée d'Allemagne, et court arrêter les Autrichiens. Il remporte trois victoires successives et entre dans Vienne une seconde fois.

Les Autrichiens, battus en même temps par le prince Eugène qui venait de l'Italie, ne purent empêcher la jonction des deux armées françaises.

L'archiduc Charles et l'empereur d'Autriche, n'ayant pu couvrir Vienne, s'étaient retirés avec leur armée sur la rive gauche du Danube.

Napoléon était avec son armée sur la rive droite et avait établi tous ses préparatifs dans l'île Lobeau. Pendant la nuit un pont est jeté sur le fleuve, le corps d'Oudinot le passe avec célérité sous la protection de cent canons. Un orage terrible grondait, la foudre confondait ses éclats avec les détonations de l'artillerie, la nuit était obscure, la pluie tombait à torrents. Enzersdorf, embrasé par le feu de notre artillerie, vint éclairer de son incendie cette scène majestueuse. A trois heures du matin six nouveaux ponts joignaient les deux rives, et au lever du soleil l'armée française en bataille se présente aux Autrichiens étonnés. Napoléon attaque l'ennemi sur plusieurs points à la fois. Cinq jours auparavant, à la bataille d'Essling, le maréchal Lannes avait été tué. Ce jour-là Napoléon perdit l'intrépide Lassalle, le maréchal Bessière fut blessé. Les Autrichiens, malgré toutes les savantes combinaisons de l'archiduc Charles, furent complétement défaits. Cette bataille eut lieu sous les murs de Vienne.

Deux ou trois autres combats successifs achevèrent la destruction de l'armée autrichienne. Les princes ennemis demandèrent un armistice. Le 14 octobre suivant, la paix fut signée à Schœnbrunn. Lors de la discussion des articles de ce traité, Napoléon eut à lutter contre la duplicité de la diplomatie ; il s'indigna, et, saisissant un vase de porcelaine placé sur un meuble, il le jeta à terre en disant : « Ainsi je briserai votre monarchie. » C'est à Schœnbrunn, en 1808, que Napoléon dicte les conditions d'une paix glorieuse pour la France ; vingt-trois ans plus tard, c'est au palais de Schœnbrunn que le fils de Napoléon, captif, rend le dernier soupir.

Les conditions de cette paix, funestes toujours à l'Angleterre, portèrent aussi ombrage à la Russie et servirent plus tard de prétexte à une rupture. Par une clause, Napoléon avait sauvegardé la Pologne de son incorporation à la Russie, et voulait en faire un boulevard contre toute éventualité du côté de la puissance moscovite.

L'Angleterre, qui avait poussé l'Autriche à rompre le traité de Presbourg, et qui devait fournir son contingent de troupes, avait armé une flotte de quatre-vingts vaisseaux et frégates montés par quarante mille soldats. Cette flotte devait faire une puissante diversion en s'emparant d'Anvers et en brûlant nos chantiers et nos vaisseaux. Mais l'amiral anglais Chatam n'osa pas attaquer immédiatement Anvers; il comptait sur une défaite des armées de Napoléon en Autriche, pour diriger son attaque par terre et sur mer avec succès. Il commença par bombarder Flessingue et s'en empara. Ce fut là que se borna son expédition. La fièvre et les maladies décimèrent son équipage; la nouvelle de la bataille de Wagram, de l'approche des troupes françaises et du traité de paix signé entre la France et l'Autriche, le glaça de terreur, et il se sauva en Angleterre avec dix mille hommes de moins et une flotte en mauvais état.

De 1810 à 1812, la gloire et la prospérité du règne de Napoléon n'eurent rien de comparable. Des bouches de l'Elbe jusqu'aux rivages du Tibre, la France avait étendu ses limites. Il y avait plus de quarante-quatre millions d'habitants dans l'empire et plus de cent millions d'Européens sous le protectorat de Napoléon. Tous les marchés, tous les ports de l'Europe étaient interdits aux Anglais. Pour suppléer aux produits coloniaux, Napoléon prodiguait les encouragements et réussissait déjà à remplacer la canne à sucre par la betterave, etc.

A Schœnbrunn, la veille de la signature du traité de paix avec l'Autriche, l'empereur n'avait échappé que par hasard au poignard d'un jeune fanatique allemand. Persuadé que sa mort imprévue remettrait tout en question dans l'Europe, Napoléon rêva un héritier de son sang. Joséphine ne pouvant lui donner d'enfants, il eut la pensée d'un divorce.

Dans les derniers jours de décembre 1809, le divorce fut prononcé. L'impératrice, malgré son amour pour Bonaparte, se résigna avec un dévouement héroïque. Elle signa, en présence de tous les grands de l'empire, un acte aussi pénible à son cœur. « Je me résigne, dit-elle, c'est pour le bonheur de la France, » et elle tomba évanouie. A l'instant toute la salle retentit des cris mille fois répétés de *Vive l'impératrice!* La France entière partagea la douleur de Joséphine; elle était adorée de la nation.

Napoléon épousa, le 1er avril 1810, la fille de François II, Marie-Louise, archiduchesse d'Autriche. Déjà, depuis treize à quatorze mois, il avait créé des titres de noblesse, fait des chevaliers, des barons, des comtes, des ducs, et cherchait à fondre l'ancienne noblesse dans la nouvelle ; pour cela, il mariait à ses généraux de fortune des jeunes filles pauvres d'anciens émigrés, et les dotait.

Lucien, dans une conversation intime qu'il eut avec Napoléon, lui reprochait d'avoir créé l'empire, d'avoir répudié la liberté, l'égalité et tous les principes républicains qui avaient été les éléments de sa puissance. « Ce n'est pas ma faute, dit Napoléon, c'est la nécessité qui l'exige. On ne comprend pas encore, en France, ni les principes, ni les drapeaux ; ce ne sont pas encore là les chefs qu'il faut aux Français. Ils en veulent un qui remue, qui parle, qu'ils puissent voir et toucher, qui les encourage, qui les félicite, qui les récompense. J'ai rêvé sérieusement d'être le Wasington de l'Europe ; mais c'est impossible. Quant à ces titres de noblesse, je les ai créés pour tous les mérites. Ce sont des couronnes purement civiques, des titres honorifiques, sans féodalité ; il n'y en aura pas d'autres désormais en France. Du reste, j'ai tout fait et je ferai tout pour mon pays : tout Français est noble à mes yeux. Si j'ai un fils, je l'élèverai dans ces principes ; il se souviendra que son père est sorti du peuple ; que c'est dans le peuple, toujours plein de vie, que bout la plus noble sève de l'humanité. Si jamais les circonstances exigent qu'il quitte le trône ; qu'il en descende sans regret, mais qu'il reste toujours Français. »

Le 20 mars 1811, à sept heures du soir, le canon des Invalides apprit aux Parisiens que l'impératrice était accouchée d'un fils, qui porta le titre de roi de Rome.

Une querelle, depuis 1805, s'était élevée entre le pape et Napoléon. En acceptant le concordat de 1801, et en venant sacrer l'empereur à Paris, Pie VII croyait avoir des droits illimités à la reconnaissance de l'empereur. Napoléon, de son côté, qui avait restauré la religion en France et rattaché la république au catholicisme, croyait avoir assez fait pour le pape. Pie VII, mal conseillé par ses cardinaux, suscita à l'empereur toutes sortes d'embarras. La question du spirituel était toujours pour le saint-siège le spécieux argument, et le véritable, c'était le temporel.

2

Le Christ en venant prêcher aux peuples une religion d'amour, d'abnégation et de dévouement, avait dit et enseigné à ses apôtres que son royaume n'était pas de ce monde. Le sacré collége et le clergé de France, dans son for intérieur, malgré toute l'apparence de l'humilité et de la modestie chrétiennes, tenaient à la puissance temporelle et aux richesses ; Bonaparte, en payant les ministres du culte avec le trésor, avait entièrement anéanti, non pas leurs absurdes prétentions, mais le retour des anciens abus. Sous la république on avait, en vérité, donné trop d'importance aux prêtres : ils pouvaient se dire martyrs alors. Sous Bonaparte, leur influence dut se borner à l'enseignement de la morale évangélique ; ils regrettèrent alors la persécution, qu'ils eussent par orgueil préférée à la nullité et à la médiocrité.

Pie VII, conseillé par ses cardinaux, refusa donc de faire partie de la confédération italienne pour interdire aux Anglais l'entrée de leurs produits dans ses États. Napoléon apprit en même temps que le pape devait se faire enlever de Rome et transporter en Angleterre, pour de là agiter toute la chrétienté et lui susciter le plus d'ennemis possible. Voyant que malgré sa longanimité et ses égards il ne pouvait rien obtenir, l'empereur dépouilla le pape des États qu'il tenait de Charlemagne, et le fit conduire à Paris.

Pie VII eut beau protester ; il lança sur Napoléon et ses partisans les foudres de l'Église, tout cela en pure perte. Il fut conduit à Fontainebleau et traité avec tous les égards possibles. Napoléon proposa au pape d'habiter Paris. Il lui fit comprendre combien il était important pour la religion catholique que le prince spirituel du christianisme fût entièrement uni avec le gouvernement le plus puissant du monde ; combien l'administration générale en Europe acquerrait de développement et de sanction, si le saint-siége était fixé dans la capitale du monde. Il lui offrit de l'entourer de tous les éléments de grandeur et de fortune dignes du haut rang qu'il devait occuper. Le pape accueillit presque avec bienveillance les avances de Napoléon. L'empereur se mit en devoir de réunir en concile tous les évêques de France pour traiter cette question. Mais les conseillers perfides de

Pie VII, secondés par des événements politiques nouveaux, firent échouer le beau projet que Napoléon avait conçu pour donner au christianisme et à la puissance française un développement aussi vaste.

La Russie, travaillée par le cabinet anglais, cessa d'observer le blocus continental au moment où il portait ses fruits. Déjà la détresse la plus affreuse se faisait sentir en Angleterre. Ce pays touchait à une catastrophe inévitable ; près de vingt milliards avaient été dépensés à exciter et à soutenir les luttes des cabinets contre le gouvernement français. Encore deux ans et c'en était fait de l'Angleterre.

De son côté, la Russie n'avait pu voir sans dépit le mariage de l'empereur avec une archiduchesse d'Autriche, ni le développement du territoire français, surtout la conservation de la Pologne, à l'aide de la création du duché de Varsovie que Napoléon augmentait sans cesse. La guerre fut déclarée. L'empereur lança dans l'empire russe une armée de près de cinq cent mille hommes. Toutes les nations de l'Europe fournirent un contingent dont le total s'éleva à trois cent mille combattants. Il n'y avait dans cette armée ni Anglais ni Suédois. Le 23 juin 1812, les hostilités commencèrent. Jusqu'aux environs de Moscou l'armée française n'eut que des triomphes rapides ; les Russes, toujours battus, se retiraient dans l'intérieur de l'empire, partagés en deux corps, l'un se dirigeant vers Moscou, l'autre vers Saint-Pétersbourg : ils déclaraient hautement qu'ils n'avaient plus confiance en leurs généraux. Kutuzoff arriva alors avec une armée aguerrie et fière de ses succès contre les Turcs. Les Russes arrêtèrent leur marche derrière la Moscowa, et, sous le commandement de ce nouveau chef, se préparèrent à résister aux Français. Une bataille des plus sanglantes fut livrée. Il y eut plus de quatre-vingt-dix mille hommes hors de combat de part et d'autre, et près de quarante-cinq mille cadavres restèrent sur le champ de bataille ; quarante généraux furent ou tués ou blessés. C'était le 7 septembre 1812. Sept jours plus tard les Français entrèrent dans Moscou presque abandonné par tous ses habitants. Rostopchin, gouverneur de la ville, fit mettre le feu dans tous les quartiers, et, en deux jours, cette immense cité n'offrit qu'un océan de flammes. Les Français furent forcés d'évacuer la ville et d'attendre que le feu s'éteignît faute d'aliments. Ils y rentrèrent quatre jours après et s'installèrent comme ils purent dans les masures, restes de l'incendie. Napoléon y attendit pendant cinq semaines la paix qu'Alexandre désirait. Mais la noblesse russe, toujours excitée par l'Angleterre, fit temporiser, et la paix n'eut pas lieu. Le froid commença, et les Français furent obligés de battre en retraite, poursuivis par des ennemis plus cruels et plus terribles que les Russes : la faim et un froid de vingt degrés.

Ils arrivèrent à Smolensk le 19 octobre. C'est là que Napoléon apprit la nouvelle d'une conspiration dirigée à Paris par le général Mallet. Ce général, inconnu de la foule, avait d'abord réussi à s'emparer du gouvernement ; mais le même jour vit naître et mourir sa puissance. Le principe qu'il avait invoqué (c'était l'ancienne dynastie) n'avait aucun écho, et les instigateurs qui avaient poussé cet aventurier n'osèrent le seconder. On se hâta de le fusiller avant le retour de Bonaparte ; on craignait des révélations qui eussent compromis les plus grands personnages de l'époque, et dont l'insensé général avait été l'aveugle instrument. L'armée française continua sa marche rétrograde, et partout sur sa route, à chaque bivac, à chaque halte, elle laissait des compagnies entières surprises par le froid et le sommeil de la mort. Plus de chevaux, plus de munitions, plus de pain et, à chaque instant, elle était harcelée par des nuées de Cosaques.

Elle arriva en cet état en Pologne, réduite à cinquante mille hommes, plus ou moins valides, et prit position derrière la Vistule.

Napoléon quitte l'armée pour aller préparer des secours. Le commandement en est confié à Murat ; mais elle éprouve de nombreuses défections. Yorck, général prussien au service de la France, passe, avec son corps d'armée, aux ennemis. Un maréchal français, Bernadotte, trahit son bienfaiteur et son pays. Les Bavarois, au nombre de douze mille hommes, avec leur artillerie, ainsi que des colonnes entières nous abandonnèrent.

L'Autriche, gagnée par la Russie et l'Angleterre, avait déjà réuni ses nouvelles armées à celles des Prussiens et des Russes.

Huit cent mille combattants, avec dix-neuf cents pièces de canons, s'apprêtent à se ruer sur les Français. Napoléon oppose à toutes ces défections et à ces innombrables ennemis, sa tactique, la terreur de son nom et l'héroïsme d'une armée de cent cinquante mille hommes, toute composée de conscrits. Dans les batailles qui eurent lieu, tous les blessés qu'on portait aux ambulances et qui passaient devant lui le saluaient des cris de *Vive l'empereur!* Un officier ennemi, témoin oculaire, disait : « Ce sont des cris de fanatiques à demi-morts. » Réservant sa garde pour les coups décisifs, il triomphe à Dresde, à Leipsick, à Lutzen. Dans cette campagne, il perdit le maréchal Bessières. Napoléon, en apprenant sa mort, s'écria avec douleur : « Il a vécu comme Bayard et il est mort comme Turenne. » Comme compensation, le traître Moreau fut tué par un boulet français.

Malgré ses victoires, ses combinaisons savantes et sa stratégie, Napoléon ne peut arrêter le débordement des ennemis. Douze cent mille hommes de toutes les nations, de toutes les races envahissent les frontières. Ces masses, poussées du fond de l'Asie comme les flots de la mer, sont appuyées par des masses nouvelles. L'armée française est forcée de resserrer ses lignes et de rentrer en France.

Déjà le sol français est profané par ces étrangers. En vain l'empereur, avec ses soldats, se multiplie pour faire face aux ennemis ; trahi par plusieurs de ses généraux, il éprouve aussi le mauvais vouloir du sénat. En vain il repousse et met en déroute les armées alliées, il ne peut être partout. Ses soldats sont forcés de parcourir des espaces immenses pour arrêter l'ennemi sur tous les points : ils marchent la nuit et se battent le jour. Certes la campagne de France fut un chef-d'œuvre de stratégie et de tactique. Avec quelques régiments de plus, Napoléon eût non-seulement anéanti l'armée alliée, mais en deux circonstances il eût pu facilement s'emparer de la personne des rois et des empereurs étrangers.

On proposa la paix à Napoléon ; le sénat, par l'organe de Bassano, semblait la lui imposer. Napoléon répondit : « Je veux aussi la paix, elle est bien nécessaire, c'est vrai ; mais celle qu'on me propose ne sauve que ma couronne, elle est funeste à la France. J'obéirai à mon serment, et jamais je n'accepterai les conditions qu'on m'impose ; si les revers me forcent à une paix, j'y consentirai, mais à condition que la France restera aussi grande qu'elle m'a été confiée : je ne céderai que mes conquêtes. »

Pendant que Napoléon, avec sa petite armée de héros, luttait avec un courage inouï contre ces flots immenses d'ennemis toujours battus, toujours repoussés, mais refluant sans cesse sur tous les points, Talleyrand et d'autres ennemis intérieurs rendaient inutiles tous les efforts de nos soldats. Ils entretenaient des intelligences secrètes avec les monarques étrangers. La trahison était à l'ordre du jour. Pozzo di Borgo, ancien député de la Corse à la Convention nationale, et alors partisan effréné de la république et de la liberté, était devenu depuis major général de l'armée russe, récompense accordée à ses nombreux services contre la France. Il conduisait les peuplades du Nord à la conquête de sa patrie. A Paris et dans les provinces un comité réactionnaire et royaliste travaillait tous les rangs de la population.

Néanmoins, les potentats n'avançaient qu'avec effroi sur la terre de France. Quatre cent mille éclaireurs les précédaient, parcouraient le pays dans tous les sens, et suffisaient à peine à les rassurer. Le sol semblait trembler sous leurs pas.

Napoléon, dans ces difficiles circonstances, avait laissé la régence à l'impératrice, avait mis son fils sous la sauvegarde des Parisiens et tenait la campagne avec son armée.

Un officier supérieur de la garde nationale accepta de Talleyrand et de ses complices la mission d'aller au-devant d'Alexandre et des princes étrangers pour les inviter à précipiter leur marche sur la capitale, pour les assurer qu'à leur approche tout serait fini, et que Paris était prêt à les accueillir. Ce haut fait fut récompensé de la croix d'honneur et de l'ordre de Saint-Waldimir, etc.

Napoléon, forcé de concentrer son armée, avait établi son centre d'opérations à Fontainebleau. De là il commandait toute la rive gauche de la Seine. Il comptait être secondé par la résistance des Parisiens, prendre les alliés entre deux feux, les culbuter et les mettre en déroute ; il était certain que les départements soulevés, la Picardie, la Champagne, la Lorraine et l'Alsace, aidées des garnisons des places fortes, achèveraient la destruction des alliés et rendraient leur retraite impossible. Mais Marmont, qui s'échelonnait avec son corps d'armée jusqu'à Riz, fit défection.

Caulincourt vint apprendre à Napoléon que les alliés étaient aux portes de Paris; que la ville allait être livrée, et même qu'elle devait en ce moment être au pouvoir des ennemis ; que les princes étrangers ne voulaient plus traiter avec lui ; que les hauteurs de Montmartre et de Saint-Chaumont devaient, malgré l'héroïque défense des jeunes élèves de l'École polytechnique, être déjà envahies par les ennemis ; que de toute part on parlait de la déchéance de l'empereur et d'une royauté nouvelle, et qu'on exigeait son abdication.

Napoléon voulut un instant tenter un coup terrible, organiser une guerre nationale. Sa garde, fidèle jusqu'à la mort, ne demandait qu'à marcher. Mais les destins changeaient : le découragement et l'hésitation s'emparaient de ses généraux, la fidélité de plusieurs chancelait, *l'aigle déjà n'était plus dans les secrets des cieux.* L'empereur lui-même recula bientôt à la pensée des maux incalculables d'une guerre nationale et civile : il se résigna, signa son abdication en disant qu'il accepterait même l'exil plutôt que d'être plus longtemps un obstacle à la pacification de l'Europe et au bonheur de la France. Il demanda l'aigle, la baisa, ainsi que son drapeau, fit ses adieux à sa garde. Cette scène fut déchirante : ces vieux guerriers, immobiles et frappés de stupeur, versaient de grosses larmes.

Les hostilités avaient déjà cessé à Paris, mais dans le Midi les Français disputaient le territoire aux étrangers. Les généraux Soult et Suchet, qui commandaient en Espagne, n'ayant pu continuer d'occuper la Péninsule faute de troupes, avaient été forcés d'abandonner cette conquête et de rentrer en France. Une armée puissante, composée d'Anglais, d'Espagnols et de Portugais réunis, poursuivait et harcelait sans cesse nos soldats. Après des marches pénibles à travers les montagnes, des passages difficiles et qu'il fallut disputer à des ennemis nombreux, des combats continuels, des avantages glorieux, mais sans fruit, notre armée éprouva à Orthès un échec, dont Soult la vengea quelques jours après. Avec douze mille hommes il résista aux soixante mille combattants de Wellington, et coucha sur le champ de bataille près de dix-huit mille Anglo-Espagnols.

A Toulouse, le sang coulait, la paix était signée à Paris, et Napoléon n'avait plus sa couronne. Les Cosaques bivaquaient au pied de nos monuments, et dès ce moment, le Louvre devenait une *auberge ouverte à des passants couronnés*. Le comte de Provence, sous le nom de Louis XVIII, était proclamé roi de France.

Par le traité de paix Napoléon conservait le titre d'empereur, on lui accordait une pension et la souveraineté de l'île d'Elbe, et la France perdait tout le territoire conquis, et rentrait dans ses anciennes limites.

Louis XVIII, le comte d'Artois, le duc d'Angoulême et le duc de Berri vinrent donc s'imposer à la France à l'aide des baïonnettes étrangères. Avec eux sortirent en foule des bagages et des fourgons ennemis, les débris de l'ancien régime, qui, semblables à une apparition de fantômes ou de revenants, représentaient à la génération nouvelle une époque qu'elle n'avait jamais connue.

Le clergé, dans son orgueil, se prit à rêver le retour de son ancienne influence, de ses dîmes, de ses richesses, etc.

Les vieux marquis, eux, rêvaient et exhumaient leurs oripeaux, leurs talons rouges, leurs plumes ; ils prétendaient reconstruire leurs tourelles à créneaux, leurs priviléges et tous leurs anciens droits sur les vilains. Parmi les émigrés que Napoléon avait accueillis et comblés de faveurs, on en compte à peine quelques-uns qui ne renièrent pas leur bienfaiteur. Ce ramassis de courtisans surannés, plus ridicules que braves, avaient paradé sur la terre étrangère. Plus impurs que les bandes de Cosaques qui les escortaient et qu'ils conduisaient, ils débordaient sur le sol sacré de la patrie comme *un égout des Tarquins*. Dans leur exil ils n'avaient rien appris, rien oublié.

Ils avaient de plus, nobles et prêtres, un besoin de vengeance, un instinct de réaction. Ils ne pouvaient pardonner à la nation sa révolution, au peuple sa liberté, à l'armée sa gloire. Leurs excès firent 1815 et préparèrent 1830.

L'empereur, avant de quitter la France, ne put embrasser ni sa femme ni son fils : sa femme, si l'on peut appeler de ce nom un être qui n'avait compris ni le génie de Napoléon, ni la grandeur de la nation française, ni les hautes destinées qui attendaient son fils. Il n'y avait dans cette fille d'Autriche ni tête ni cœur. Lors du danger elle eût dû prendre entre ses bras le petit-fils de l'empereur d'Allemagne, et si, nouvelle Sabine, elle n'eût pu arrêter les coups funestes portés à la France, ce n'eût pas été en vain, qu'armée de ce dépôt sacré, elle se fût présentée devant le peuple de Paris. Certainement, la reddition de la capitale eût été retardée ; un retard d'un jour eût pu sauver la France. Mais non, elle ne comprit rien et sentit moins encore. Elle retourna vers les siens. Son fils fut abandonné aux pédagogues guindés de la cour de Vienne, et elle s'empressa de se laisser séduire par un comte autrichien. Bientôt la duchesse de Parme oublia à tout jamais dans les bras de son courtisan le noble peuple sur qui avait régné l'impératrice, et le héros dont elle avait partagé la gloire, et dont elle eût dû partager les revers.

Louis XVIII octroya une charte aux Français. C'était un homme dont le caractère privé était plein de défauts et l'organisation morale pleine de vices ; mais c'était un prince rusé et prudent. Sa charte, au lieu de devenir un pacte d'alliance entre son peuple et lui, fut souvent violée par ses ministres. Toutes les classes de la société qui n'appartenaient pas à la noblesse eurent à souffrir dans leurs intérêts, dans leur amour-propre, dans leur dignité ; les anciens guerriers étaient outragés et humiliés : une réaction politique et religieuse pesait sur la France.

D'un autre côté, Napoléon à l'île d'Elbe se ressentait du mauvais vouloir des puissances. Aucun des engagements pécuniaires pris envers lui par le traité de paix n'était rempli. Il fut informé que les ministres de Louis XVIII avaient proposé, dans le congrès de Vienne, de l'enlever de sa résidence et de le transporter à Sainte-Hélène. Son parti fut pris à l'instant : il ne voulut pas être attaqué ; il se fit assaillant. Le succès couronna l'entreprise la plus audacieuse. Deux légers bricks le reçoivent avec ses compagnons et ses soldats dont *les vieux habits bleus usés par les batailles* n'avaient été depuis longtemps renouvelés, tant la détresse de l'empereur était grande!

Napoléon débarqua près de la plage où quinze ans auparavant avait débarqué le général Bonaparte vainqueur de l'Égypte.

Jusqu'à Paris, ce fut une marche triomphale. Les régiments envoyés pour l'arrêter le saluaient de leur enthousiasme. Le 1er mars, au soir, il arriva aux Tuileries que Louis XVIII venait d'abandonner.

Napoléon s'empressa d'organiser une nouvelle armée, car, à son retour, il y avait à peine quatre-vingt mille hommes. De tous les côtés accouraient de jeunes soldats, d'anciens militaires, tous pleins d'enthousiasme ; mais la chambre des représentants montra une tiédeur, une réserve qui déconcerta Napoléon. Ce fut en vain qu'il publia un acte additionnel aux constitutions de l'empire pour garantir toutes les libertés possibles. Ceux qui devaient en être les plus satisfaits s'y montrèrent insensibles ; malgré la gravité des circonstances les représentants affectèrent une indifférence que Napoléon n'eût jamais prévue.

A la tête de cent vingt mille hommes, il franchit la frontière, passe la Sambre, attaque et défait l'armée de Blücher et ordonne à Grouchy d'achever la déroute des Prussiens ; puis il se réunit à Ney et présente la bataille à cent vingt mille Anglais commandés par Wellington. L'attaque et la défense furent terribles. Douze mille Anglais restèrent sur place. Wellington, désespéré, ne pouvant retenir ses soldats qui fuyaient, allait donner le signal de la retraite, lorsque Bulow parut avec une armée nombreuse. Alors la scène changea. Les Anglais reprennent l'offensive, et, secondés par les Prussiens, débordent nos divisions. En vain Napoléon fit presser Grouchy de venir secourir l'armée française. Grouchy, avec ses trente mille hommes, eût fait changer la face de la bataille. La conduite de ce général est inexplicable : il ne reparut plus. L'armée française avait vaincu toute la journée. Le soir, elle succombait sous les flots de ses ennemis, non vaincue, mais fatiguée de vaincre ; vainement quelques lâches stipendiés firent-ils entendre dans les rangs le cri de : « Sauve qui peut! »

La garde, immobile à son poste, répétait au milieu de la mitraille : « Mourons ! »

C'est avec la plus grande peine qu'on put arracher Napoléon à une mort inévitable dans cette mêlée.

Les ennemis, en voyant couchés sur la terre nos soldats morts, *osèrent les regarder sans peur pour la première fois !*

L'arrivée de Napoléon à Paris, après ce désastre, eût pu exciter encore l'enthousiasme. Le salut de la patrie dépendait de l'union entière du peuple, des représentants et de l'empereur. Mais les représentants dirent à Napoléon : « Varus ! qu'as-tu fait de nos légions ? »

La Chambre se déclara en permanence. En vain Bonaparte insista sur la nécessité et l'opportunité du salut de l'État. Il eut beau leur répéter qu'il se soumettait à la sagesse de ses délibérations, mais qu'ils songeassent aux maux incalculables que l'entrée des ennemis et le retour des Bourbons allaient causer au pays.

Il leur proposa de se démettre de son autorité suprême, d'y renoncer même à tout jamais ; mais il les conjura au nom de la patrie de lui confier une armée, et de sauver la France des malheurs d'une nouvelle invasion. Il leur exposa son plan d'attaque et de défense, et leur prouva mathématiquement que la vallée de Montmorency allait devenir le tombeau de tous les coalisés. Ce fut inutile ; ces hommes, devenus insolents, répondirent à Napoléon : « Nous ne voulons plus de vous. » L'empereur dut renoncer à sa couronne et à ses plans de sauver la France. Il fit une nouvelle abdication, mais en faveur de son fils.

On le força de quitter Paris : les représentants craignaient ses talents militaires et son prestige sur la nation. Le gouvernement provisoire lui donna un surveillant pour le conduire jusqu'à Rochefort. Napoléon avait d'abord formé le projet d'aller en Amérique ; mais, arrivé à Rochefort, il changea de dessein et écrivit au prince régent d'Angleterre pour lui demander un asile. Il fut reçu sur *le Bellérophon,* et au lieu de l'asile qu'il attendait du cabinet britannique, il fut transporté par delà l'équateur, au milieu de l'espace, sur le rocher de Sainte-Hélène. Pyrrhus vaincu demanda à Alexandre d'être traité en roi, Napoléon succombant sous le poids du malheur et de la gloire ne demandait aux Anglais que l'asile d'un proscrit. Ces Carthaginois, furieux du passif insolvable de leur grand livre, répondirent à Napoléon comme des marchands : La prison !!!

Pendant ce temps, Paris était occupé par les armées coalisées. Le 26 septembre, le traité de la sainte alliance fut consommé ; traité des rois contre les peuples, attentat des dieux de la terre contre le ciel.

La paix fut signée le 20 novembre ; la France fut grevée d'une indemnité de sept cents millions au profit de l'étranger, et dépouillée de plusieurs places fortes, etc.

Après ces brillants exploits, ces superbes monarques, vainqueurs par la grâce des traîtres et des transfuges, s'empressèrent d'essuyer de leurs fronts la poussière que les bottes de Napoléon y avaient imprimée, se couronnèrent de lauriers et rentrèrent en triomphe dans leurs États. En fiers Hercules ils se reposèrent de leurs travaux : à eux tous ils avaient enchaîné l'ogre de Corse.

Les Bourbons furent donc imposés pour la deuxième fois à la France. Les haines des partis furent terribles. Louis XVIII eût pu empêcher bien des excès, mais, en politique, ce bon roi ne reculait pas devant un *peu* de sang à répandre. Les soldats français, après le désastre de Waterloo, s'étaient retirés vers la Loire. Le nouveau gouvernement les licencia et leur appliqua l'épithète de *Brigands de la Loire.*

Pour entraîner à leur suite une armée aussi nombreuse et

maintenir la fidélité de leurs sujets, les princes étrangers leur avaient promis la liberté et des institutions lorsque la guerre serait terminée. « Napoléon, leur avaient-ils dit, est le tyran du monde ; il veut asservir toutes les nations : aidez-nous et vous serez libres : » et ces peuples crurent ces impudents potentats ! Mais au retour, ils n'obtinrent rien, rien que leur ancien joug : les promesses des rois despotes sont toujours des mensonges, leurs serments sont des parjures !

Ainsi, sous l'influence du traité de la sainte alliance, la réaction releva en France sa tête furibonde. On tua juridiquement des généraux, d'autres furent assassinés, les libéraux persécutés ; et à la Chambre un député, L..., plus royaliste que le roi, criait de toutes ses forces : « Il faut du sang ! il faut des bourreaux ! etc. etc. »

Néanmoins, le peuple en France ne pouvait oublier son empereur. « Il reviendra, » disait-il ; les vieux militaires partageaient et entretenaient une illusion qui les consolait au milieu des peines dont on les abreuvait.

Les agents du pouvoir d'alors poussaient le peuple à des mouvements bonapartistes. Ils craignaient de voir s'éteindre l'esprit de réaction royaliste. Il y avait des suspects, on voulait les atteindre et les frapper. L'échafaud se dressa plusieurs fois : des têtes tombèrent. Jamais Louis XVIII ne pardonnait un délit politique : des assassins, des criminels seuls trouvèrent souvent grâce auprès de lui.

La politique des rois encourageait et excitait partout la délation et la persécution. Les idées de liberté fermentaient en Europe. Ils craignaient à chaque instant de voir la France se réveiller au souvenir de sa gloire, Napoléon apparaître à sa tête, et leurs peuples briser leurs fers. Ce qui a fait dire au poëte national :

> Peut-être il dort ce boulet invincible
> Qui fracassa vingt trônes à la fois ;
> Que ne peut-il, se relevant terrible,
> Aller mourir sur la tête des rois ?
> . . . .

> Quand on signale une nef vagabonde :
> Serait-ce lui ? disent les potentats ;
> Vient-il encore redemander le monde ?
> Armons soudain un million de soldats.
> Et lui peut-être, accablé de souffrances,
> A la patrie adresse ses adieux !
>   Etc. etc.

En effet, en 1821, la mort vint mettre un terme à la lente agonie de Napoléon. Ce fut un jour de fête pour tous les cabinets de l'Europe, on dansa dans tous les palais des rois.

En 1823, une intervention eut lieu en Espagne. Le gouvernement français, exécuteur des volontés de la sainte alliance, alla faire dans la Péninsule une guerre sacrilège, et soutenir, contre son peuple opprimé, le stupide, l'immoral et l'ingrat Ferdinand VII.

En même temps, le clergé envahissait les hauts emplois de l'Université, pénétrait dans la chambre des pairs, et tâchait de reprendre partout son influence désastreuse.

En 1824, Louis XVIII mourut. Son frère lui succéda, sous le nom de Charles X. Ce roi s'entoura de tout ce que l'émigration et l'Église avaient de plus réactionnaire et de plus rétrograde. L'esprit étroit de ce vieux prince, dont la jeunesse avait été si orageuse, devint facilement la proie des prêtres. Sous son règne, l'intolérance fut portée à son comble. On ne pouvait être bon Français, ni même bon royaliste, sans confession et sans communion. Des missionnaires fanatiques parcouraient les provinces, prêchaient l'arrivée de la fin du monde, montaient sur des tréteaux en plein vent, dirigeaient des processions et marquaient la marche en chantant des cantiques sur l'air de *la Marseillaise, du Chant du départ,* etc. Dans leurs prédications, ils mêlaient le dogme à la politique. Quant à la morale, point. Ils jetaient partout le trouble et le désordre, dans les cités, dans les familles.

Dans les Chambres, des luttes eurent lieu. On proposa la loi d'amour, la loi du sacrilège, etc. etc. Le mécontentement de la nation se manifesta quelquefois : on répondit par des fusillades. Mais bientôt les colléges électoraux et la Chambre opposèrent une résistance sérieuse à ce gouvernement antinational.

Des amis, les uns perfides, d'autres insensés, conseillèrent à Charles X d'en finir avec le libéralisme et la presse, et de se montrer digne de saint Louis et de Louis XIV.

Il commença par changer son ministère et appela près de lui, comme pour outrager la nation, les hommes les plus antipathiques à la France : Polignac, à qui Napoléon avait fait grâce de la tête ; Bourmont, que le souvenir de Waterloo rendait odieux ; Peyronnet, avocat de talent, mais sophiste acerbe et captieux, et disposé à préparer le pouvoir absolu.

Le gant fut jeté à la France entière. Bourmont, ministre de la guerre, venait, à la tête d'une armée, de s'emparer d'Alger. Sous le coup de cette conquête, Charles X crut pouvoir tout oser. Les ordonnances de juillet parurent. Paris s'insurgea. Pendant trois jours, la lutte fut affreuse, le canon tonnait, le sang coulait dans les rues, et Charles X, tranquille à Saint-Cloud, entouré de ses prêtres et de ses courtisans, répondait à ceux qui venaient le supplier de retirer les ordonnances et de faire cesser le carnage : « J'ai mon âme à sauver. » Paroles dignes de Louis XI. Bientôt il voulut céder ; mais il était trop tard. Lui et toute sa race furent conduits à Cherbourg, et éloignés du sol qu'eux et leurs aïeux avaient tant de fois ensanglanté ou souillé de leurs orgies.

Toute l'Europe tressaillit à la nouvelle de notre révolution. Les peuples sentirent plus que jamais le poids de leurs chaînes et tendirent leurs mains vers la France, les cabinets eurent peur.

Tout s'agitait, une conflagration générale paraissait imminente sur la surface de l'Europe. Semblable à un ouragan terrible, la fureur populaire allait raser tous les trônes ; mais comme un ouragan elle ne dura qu'un instant : l'orage s'arrêta. La France confiait ses destinées nouvelles à une nouvelle dynastie. Elle pensa que la paix et le progrès des lumières assureraient le progrès de la liberté plus sûrement que les combats. Elle avait donné à l'Europe l'exemple sacré d'une insurrection légale, elle s'empressa de lui donner l'exemple d'une soumission aux lois.

Rassurés sur les intentions de la France, les rois ont bien voulu lui en témoigner *leur satisfaction ;* ils ont permis que l'on rendît aux larmes d'une mère le corps de son fils supplicié.

Les cendres de Napoléon, rapportées de Sainte-Hélène, reposent aujourd'hui aux Invalides.

Mais un mal plus terrible que le mal causé par les batailles vient, depuis 1830, envahir la société française : le culte de l'or est poussé aujourd'hui jusqu'au fanatisme. Les hommes haut placés dans l'échelle sociale et gouvernementale ont donné l'exemple de tous les vices. L'escroquerie, la cupidité, la corruption, paraissent sur tous les points. On parodie les sentiments les plus nobles et les plus généreux ; on rit des souvenirs et des traditions d'honneur de la république et de l'empire. L'agiotage et la vénalité sont à l'ordre du jour.

Le peuple seul, pauvre et laborieux, reste pur au milieu de cette démoralisation ; il souffre avec résignation et courage comme ses pères ont combattu et ont souffert ; il demande tous les jours au ciel un Messie qui vienne changer le sort de l'humanité.

Nous sommes en 1848. La Péninsule italique renaît à la vie politique : Messine, Naples, Palerme ont aussi leurs glorieuses journées. Là, un roi Bourbon accepte de ses sujets des conditions qu'il ne remplira peut-être pas.

Toute l'Europe a les yeux sur la France ; elle s'étonne de son immobilité, et surtout de sa longanimité envers un souverain qui veut l'opprimer. Mais le 24 février, le glas funèbre de la monarchie a sonné en France, et Louis-Philippe, avec les siens, est allé rejoindre dans l'exil les autres débris des royautés déchues.

La prophétie de Napoléon dans son exil sur le sort futur de l'Europe, marche enfin vers son heureux accomplissement. Béranger célèbre ainsi l'avenir de ce nouvel âge d'or :

> Humanité, règne, voici ton âge
> Que nie en vain la voix des vieux échos.
> Déjà les vents aux bords les plus sauvages
> De ta pensée ont semé quelques mots :
> Paix au travail ! paix au sol qu'il féconde !
> Que par l'amour les hommes soient unis ;
> Plus près des cieux qu'ils replacent le monde,
> Que Dieu nous dise : Enfants, je vous bénis.

FIN.

sieurs colléges à la fois, de le nommer représentant à l'Assemblée nationale ; mais une lettre qu'il adresse au président de l'Assemblée éveille des susceptibilités républicaines; Louis Napoléon répond à ces velléités par une généreuse démission.

Au milieu des événements qui se succèdent en Europe, nous voguons vers un imprévu sans limites. Guerre des peuples contre les rois, guerre des esclaves contre les maîtres, des pauvres contre les riches, des oppresseurs contre les opprimés ; guerre de la haine, de la misère, de la faim.

De toutes parts l'anarchie matérielle, et ce qui est pire, l'anarchie morale dans toutes les âmes ; juste punition des abus du privilège et de la force ! La Providence semble châtier tour-à-tour les classes de la société les unes par les autres.

« Où courons-nous ? quel sage en proie au doute
« N'a sur son front vingt fois passé la main?
« C'est aux soleils d'être sûrs de leur route.
« Dieu leur a dit : Voilà votre chemin. »

Mais quel homme prédestiné doit conjurer les tempêtes prêtes à éclater sur nous ? Qui rétablira l'équilibre ? Qui rapprochera tous les membres de la société humaine, épars ou ennemis.

Sera-ce une royauté ? Institution décrépite, elle croule partout.

Sera-ce un nom magique qu'on invoque? Un souvenir d'outre-tombe qu'on exhume ? Mais un ossuaire peut-il renaître à la vie ? Non, les temps sont changés. Il ne peut plus exister de prétendants. Napoléon, du haut de Sainte-Hélène, pour successeur a choisi la liberté.

Un nouveau nom sortira bientôt de l'urne nationale. Si ce nom est pur et sans tache, s'il rallie tous les cœurs, toutes les sympathies, si le nouveau président comprend sa mission, la France est sauvée de l'anarchie, et l'Europe de la fureur des rois.

NAPOLÉON BONAPARTE.

Il est fils de Jérôme Bonaparte, roi de Westphalie, et de la princesse Catherine de Wurtemberg. Après la chute de la branche aînée en 1830, il n'a cessé de solliciter du gouvernement français l'honneur de servir son pays. Mais l'ombrageux Louis-Philippe a constamment repoussé du territoire français les membres de la famille Bonaparte. Il a passé sa vie successivement en Italie, en Suisse, en Allemagne, et enfin en Amérique. Son éducation, tout en lui rappelant que par un jeu de la fortune il était né sur un trône, lui a appris aussi combien les grandeurs humaines étaient fragiles, et surtout à reconnaître les droits imprescriptibles des peuples.

Nourri des souvenirs glorieux de notre grande révolution, il attendait en Amérique qu'un acte suprême du grand peuple replaçât la France au rang élevé des nations, et rendît une patrie à des exilés.

Le peuple l'a appelé à la représentation nationale ; fidèle à son noble mandat, Napoléon défendra la liberté et notre jeune République.

PIERRE BONAPARTE.

Il est fils de Lucien. Il n'est pas un républicain en France qui ne conserve la mémoire de Lucien Bonaparte. Savant et littérateur à la fois, Lucien professait pour la république, pour la liberté, le plus ardent amour. Il a blâmé hautement Napoléon, son frère, d'avoir ceint le diadème impérial. « Sois le libérateur de l'Europe, lui disait-il souvent, ce rôle est plus beau, plus digne de toi que celui de monarque. » Napoléon se contentait de lui répondre que c'était impossible encore. Mais Lucien finit par rompre avec lui. Lorsqu'en 1815 la fortune renversa les trônes qu'elle avait élevés, Lucien pour lui et pour tous les membres de sa famille, ne regrettait qu'une patrie.

Les sciences et les lettres ont consolé ses vieux jours. Si un des Bonaparte eût dû trouver grâce devant la raison d'État qui les repoussait, c'était Lucien.

Il a élevé son fils, Pierre, dans ses principes républicains. Pendant son séjour en Amérique, Pierre a occupé l'emploi de chef d'escadron dans l'armée Colombienne.

Le fils de Lucien est heureux d'être un représentant de la République et de la servir.

LUCIEN MURAT.

Lucien Murat est neveu de l'empereur Napoléon et fils de l'intrépide Joachim. L'univers entier connaît la fortune surprenante, la gloire et les malheurs du héros qui a occupé le trône de Naples. Napoléon avait donné à Murat la belle Caroline, sa sœur, en mariage. Lucien Murat, retiré en Amérique, s'est empressé de quitter cette terre hospitalière en apprenant la révolution de février.

Les électeurs du département du Lot l'ont choisi pour leur représentant.

Tous ces débris d'une gloire passée, mais toujours chère à la France, ne sauraient être et ne veulent être désormais que les enfants d'une mère commune et les plus zélés défenseurs de la liberté et de la République.

En vente chez les mêmes Éditeurs

LES MARTYRS
DE LA LIBERTÉ
OU HISTOIRE DES
RÉVOLUTIONS POLITIQUES
ET DES
PERSONNAGES QUI SE SONT DÉVOUÉS POUR LE BIEN ET LA LIBERTÉ
DES NATIONS
PAR M. LUCIEN BESSIÈRES
DESSINS DE R. DE MORAINE

CONDITIONS DE LA SOUSCRIPTION

LES MARTYRS DE LA LIBERTÉ sont publiés en 32 séries à 1 fr. 25 c., qui formeront 4 volumes grand in-8° jésus, glacés et satinés, contenant la matière de plus de 30 volumes ordinaires, et illustrés de 32 magnifiques gravures sur acier, représentant les scènes les plus intéressantes et les plus dramatiques. Il paraît une série toutes les semaines.

Il sera donné en prime aux deux mille premiers souscripteurs directs un des ouvrages ci-dessous, du prix de 10 francs :
DICTIONNAIRE GÉOGRAPHIQUE DE VOSGIEN ; 1 gros vol. in-8° de 600 pages. CORINNE, ou L'ITALIE, par madame de Staël. LES CARACTÈRES DE LA BRUYÈRE, suivis des CARACTÈRES DE THÉOPHRASTE. LES OEUVRES COMPLÈTES DE RACINE, DE PIERRE ET DE THOMAS CORNEILLE ; les trois ouvrages réunis en 1 beau volume. LES OEUVRES COMPLÈTES DE MOLIÈRE. GIL BLAS DE SANTILLANE, par Lesage.

Pour paraître prochainement
HISTOIRE DE NAPOLÉON
DU CONSULAT ET DE L'EMPIRE
PAR L. BESSIÈRES
SUIVIE DE L'HISTOIRE DE
LA GARDE IMPÉRIALE
PAR ÉMILE MARCO DE SAINT-HILAIRE.

Le Roi de Rome, Louis Napoléon, et les autres Membres de la famille impériale.

CONDITIONS DE LA SOUSCRIPTION.

L'ouvrage formera 4 volumes grand in-8° jésus, publiés en 32 séries, à 1 fr., 25 c., illustrés de 80 gravures à part, par Bellangé, Eugène Lami et de Moraine, représentant les scènes les plus intéressantes, les portraits de tous les maréchaux de l'empire, des grands personnages du temps et les uniformes de tous les corps de la grande armée, peints à l'aquarelle.
60 gravures seront publiées avec les séries de l'ouvrage, et 20 seront données gratis, réunies en un album, aux deux mille premiers souscripteurs directs à l'ouvrage.
CET ALBUM, qui contient les portraits des plus célèbres maréchaux et autres personnages de l'empire, et qui se vend séparément 15 francs, pris au bureau, sera donné gratis à la fin de la publication.
Nota. MM. les souscripteurs peuvent s'abonner séparément à *la Garde impériale*, mais ils ne jouiront pas de la prime.
Les personnes qui désirent souscrire à l'ouvrage ci-dessus voudront bien se faire inscrire de suite, au bureau, rue du Faubourg-Montmartre, n° 10, si elles veulent jouir de la prime accordée gratis. — Chaque semaine il paraîtra une série, de 1 fr. 25 c., qui leur sera portée à domicile.

Paris. — Typographie de E. et V. PENAUD frères, rue du Faub.-Montmartre, 10.

www.ingramcontent.com/pod-product-compliance
Lightning Source LLC
Chambersburg PA
CBHW060511050426
42451CB00009B/923